JN439177

달빛 풍경

최인락 시조집

교음사

첫 시조집을 내면서

달 친구

저 달은 나만 보면 언제나 따라다녀
세상을 다 보면서 어찌하여 그러느냐
어두운 날엔 반드시 앞길 밝혀 앞서가

숲속에 가려져도 변함없이 머리 위에
떠 있어 왜 그런지 나에게만 비추는가
어쩌다 나뭇가지에 걸렸어도 잘 헤쳐나

말없이 주고받은 사연들이 얼마던가
외로워 지칠 때는 너만 보면 위로가 돼
없으면 또 그리워지는 이 마음은 왜일까

- 본문 중에서

지금 생각하니 오래전부터 가슴속에 깊숙이 숨은 내 나름의 한 가지 정서가 있었던 것 같다. 옛시조에 대한 흠모였을까. 아직도 옛 시구들이 내 마음을 데리고 계절마다 어느 곳이든지 구경을 시켜 뭔가를 떠올리게 하는 것 같아 혼자 웃기도 했다.

예순이 넘도록 오랫동안 덮어 둔 채 지내 왔으니 완전히 잊을 만도 한데 사극이나 역사저널 같은 프로에서 가끔 옛시조를 대할 때 그대로 생생히 느낄 수가 있었다.

그런데 나는 왜 단 한 줄이라도 글을 쓰려고 생각도 안 했을까?

2013년도 공무원 생활 37년 정년 퇴임한 후 하고 싶은 시를 본격적으로 쓰면서부터 나도 모르게 내 깊은 심중에 자리한 시구가 꿈틀거렸는가 보다

초등학교 교과서에서 옛시조를 처음 배울 때부터 항상 잊히지 않는 몇 시조가 있다. 누구나 잘 아는 이방원의 「하여가(何如歌)」, 정몽주의 「단심가(丹心歌)」에서 주고받는 시조가 언제나 내 마음을 꼭 잡고 있었다. 진지하고 허심탄회(虛心坦懷)한 인간의 배포가 얼마나 컸기에 국운이 바뀌는 마당에서 목숨을 건 몇 자의 글로써 아무 거리낌 없이 제 뜻을 전달하는 것일까? 과연 타고난 성인들만이 할 수 있는 높은 경지의 글이 아닐까 싶다.

이러한 의사소통의 글은 인간만이 가질 수 있는 무한한 경지의 글일 것이며 어디에서 이처럼 막중한 무게가 실린 시구가 나올 수 있으며 자신 있게 내뱉는 혼신의 글들이 또 어디선가 영롱하게 빛나고 있는 것 같다

고운(孤雲) 최치원(崔致遠) 선생의 「토황소격문(討黃巢檄文)」을 보라 중국 당나라 때 반란을 일으켰던 적장 황소(黃巢)의 심중을 창과 칼이 아닌 엄중한 글귀로써 크게 꾸짖어 뉘우치게 하고 스스로 항복하도록 하여 전쟁을 평정하였다는 것이 과연 가능한 일인가?

「계원필경(桂苑筆耕)」에 나와 있는 너무나 유명한 격문(檄文)의 글이라 무슨 글을 어떻게 썼기에 적장의 간담이 서늘하도록 무엄한 적장을 감동시켰을까? 이처럼 꼼짝 못하고 굴복시킨 격문(檄文)은 그냥 단순하게 쓰인 글은 분명히 아닐 것이며 그 누구든 쉽게 읽고 감동했을 것 같다

이렇게 짧은 글귀로 세상의 흐름에 따라 이야기(뜻)를 전달하고 서로 공감한다는 것이야말로 인생의 역사를 바꾸어 놓는 정말 위대한 능력이 있었음을 새삼 느끼게 한다.

이번 첫 시조집 『달빛 풍경』을 내면서 과연 이래도 되는 것인가 하고 수없이 생각을 하게 된다. 어쩐지 자꾸 뒤를 돌아보게 되고 독자들이 읽을 때쯤에는 많은 질타를 받을 게 틀림없어 괜히 시작했는가 싶은 생각에 부끄러움이 먼저 앞을 가로막는다. 어쩌면 첫 시집을 낼 때와 똑같은 마음이 든다

초보의 어설픈 첫 삽질로 발판을 놓아 많은 꾸지람 속에서 한없이 노력 증진하는 계기가 됐으면 하는 진정한 바람이다.

이 책이 출간될 수 있도록 경남문화예술진흥기금에 애써 주신 이민호 선생님, 좋은 책 만들어 주신 교음사 강병욱 대표님께 감사드립니다.

2022년 6월 저자 최인락

| 달빛 풍경 |

1부 꿈꾸는 자의 얼굴은

2부 창조는 곧 역사라

3부 녹색이 웃으면

4부 농부는 하늘이 가르치는 것

5부 세월도 모르는 일

6부 윤슬의 나이는

7부　제51회 『한국공무원문학』

(2018 봄 · 여름호)

시조부문 신인상 수상작

1

꿈꾸는 자의 얼굴은

고독한 노인 · 1

외로움 지친 삭신 정신마저 눌어붙어
아무리 떨치려도 이 그림자까지 붙어
마지막 남은 숨길까지 긴 고독이 챙긴다

고독한 노인 · 2

세월에 홀로 앉아 묵은 숨 토해내니
하늘은 아득히도 멀기만 하건마는
이 몹쓸 삭신 업고 저 먼 곳까지 어찌 가

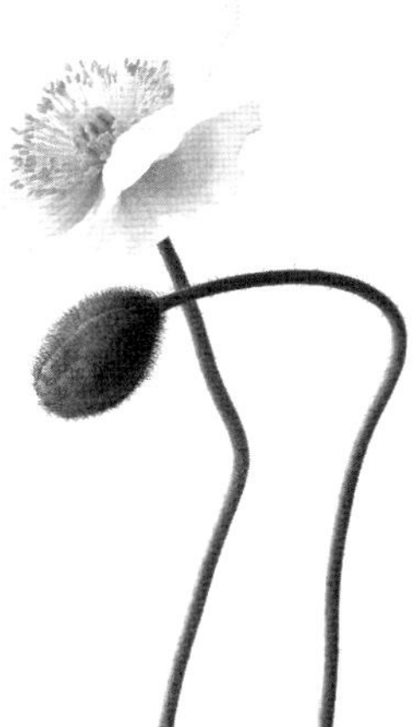

내 젊음은

구름이 밀려가다 난세에 퇴색되어
자신을 잃어버려 어쩌지 못하는가
훈풍도 산마루 오르다 힘에 부쳐 흩어져

폭염도 제아무리 악명이 높다 하나
여름에 과속질주 가을로 넘지 못해
입추 날 선선해지니 그때서야 손들어

여보게 저 세월은 늘어나는 주름 없고
흐르는 저 강물의 윤슬도 사라지니
세월이 알려줄 때는 나이 먹은 뒤에라

너는 나

나한테 또 다른 나 꿈 현실로 넘나들어
날 잃고 방황할 때 곧 달려와 길 안내해
너는 야 나와 같은 영물(靈物) 어디 있든 너는 나

노인 입문

세수 때 광대뼈가 툭 불거져 내 것인가
물 발라 씻는 동안 느낌도 없었는데
거울은 아무 말 없이 내 얼굴만 쳐다봐

내 나이 이순(耳順)이라 인정 않고 우겼는데
이 몰골 보는 순간 허무한 생각 들어
이것이 노인 입문인가 헛 세월아 웃지 마

나는야 지금부터 내 인생 시작할래
희멀건 세상으로 제아무리 유린(蹂躪) 해도
가는 길 어려울지라도 나의 길만 가겠네

노인의 걱정

주름 속 묻힌 세월 일상들이 쌓인 멍울
세상사 풀지 못한 사연들이 깊이 배여
걱정을 빚으로 남겨놔 떠날 수가 없구려

늦어도 공부해

매식만 구걸하니 짐승이나 다름없고
무식자 허송세월 살만 쪄온 고깃덩이
아이야 그 책 이리 주게 내 갈 길이 바쁘다

늦은 각오

귀 대고 들어보라 가슴 뛰는 고동소리
아직도 깊은 꿈은 변함없이 날 기다려
나이에 갇혀 있어도 꼭 헤쳐 갈 숙명 길

늦은 꿈도

예순에 꾸는 꿈은 가당치도 않다 했나
백수야 언제까지 살코기로 살 것이냐
죽음 앞 후회하다가 그때 가서 꿈꿀래

땅거미는

낮의 일 마쳤느냐 일상사(日常事) 모두 덮어
하루가 편안토록 노독 풀어 달래는 밤
밤 오면 세상 걱정 잊고 숙면으로 들란다

떠나는 님아

모든 꿈 한순간에 앗아가는 인생인가
벌레도 꿈틀거려 느낌을 남기는데
살얼음 살짝 디디어도 부서지는 소리나

다급히 떠나는 임 번개도 알지 못해
그토록 급한 전갈 여운 하나 남김없이
떠나는 마의 길목에서 나눔 인사 못하니

평소에 남긴 체취 가시질 아니하고
한동안 몸부림에 울어도 소용없어
임 떠난 빈자리 휑한 그림자만 훌쩍여

며느리의 업보(業報)

시집와 눌려 산 업(業) 언제나 무거운 것
며느리 오지랖에 숙변을 여기저기
이것이 내 업보(業報)라면 이 눈물로 씻겠소

옆 환자 부끄러워 급한 김에 맨손으로
담으니 병실 가득 여독(餘毒) 냄새 어찌하랴
수술 전 긴장도 잊은 채 깊은 심중 토설(吐說)해

죽어도 며느리 앞 기세만은 앞세우니
그 무슨 악업일까 믿기지도 않는 병상
과학아 이런 현실을 어찌 설명 하겠나

세배 날

설날에 절 받을 분 안 계시니 허망(虛妄)하네
어쩐지 물러날 수 없는 노년 무거운 몸
아이야 세배 마시게 너와 나는 똑같애

솔잎의 공로

솔가지 나이 먹어 힘 오른 팔뚝인가
바람에 대항하는 저 휘파람 들어보라
고르게 모아 쥔 솔잎 엄동(嚴冬) 하늘 쓸어가

붉게 탄 근육질에 불붙은 솔 이파리
바람에 힘을 얻어 뿌연 허공 닦아내고
세상사 모진 삶들을 정화하는 공로라

이토록 부지런함 조상이 준 내력인가
창공도 제 푸름을 인정하고 솔잎 감싸
추운 날 땀이 배도록 외고집만 피워가

아 어머니

자식이 있다 한들 보고플 땐 없는 걸까
빈 공간 왜 이렇게 크는지 알 수 없어
남는 건 시간뿐 이제는 외로움도 지쳤어

이 몸은 나와 달리 한사코 말 안 들어
온종일 활동 없이 삭신하고 싸워야 해
이제는 날 갖고 놀다가 나 몰라라 하느냐

아이야 이럴 때는 어떡하면 되는 거냐
스스로 안 되는 것 원망해도 안 통하니
이 정신 조금이라도 남았을 때 뭐부터

임 소식

훈풍에 우는 가슴 애가 타도 아니 오네
세월도 앓아누워 숙고(熟考)하니 곧 터질 듯
임 향한 가슴앓이가 서녘 하늘 태워가

임자 손

숨쉬기 힘들거든 임아 이 손 꼭 잡아요
임자 손 생명줄로 절대로 놓지 마오
평생에 해보지 못한 못난이의 울부짖음

자화상(自畵像)

난세에 부딪히어 달려온 꿈 거품 아냐
물 빠진 이 몰골을 믿지 못할 자화상아
사라진 내 청춘 어딨냐 예순 넘어 여기는

저절로 솟았나

딸애의 출산 고통 엄청난 무게인가
지난날 마누라는 어떻게 견뎠을까
날 낳던 어머님 산통 중 혼절했다 했는데

이제야 철드는지 주름 두른 인두꺼비
뭣 모른 세월 속에 불효 죄업 가득하고
이토록 뻔뻔한 얼굴 내 멋대로 살았네

울 엄마 날 낳을 때 목숨 건 출산 산통
조상님 무사 빌어 귀한 자식 길렀거늘
나는야 땅에서 저절로 솟아난 줄 알았네

진정한 꿈

우주의 별 하나가 내 품에 안겨왔네
나에게 와준 선물 어떻게 받으오리
이것이 대 잇는 인류 역사의 길 질서라

열 달간 소우주 속 주고받은 영적 교감
무슨 말 오고 갔나 둘이서 나눈 얘기
배부른 엄마는 널 안고 열공해 온 공부방

온 가족 가슴 조여 기다려온 진실덩이
신기한 생명 소리 고사리손 불끈 쥔 채
자연이 보내온 선물 현실인가 꿈인가

괴물아

목 안이 칼칼하고 가슴팍이 불타올라
우주도 깡마르면 쓰리고 아파할까
아무도 근접 못하게 해 놓고는 어디 가

네놈이 내 속에서 무슨 짓 할 것이냐
목줄에 헐렁이는 기침 가래 끓여놓고
쉼 없이 자꾸 긁어대니 기침 소리 소음아

일주일 산다더니 갈수록 웬 행패냐
철면피 주제 아픈 고통은 왜 남기냐
아무리 업보 있다 해도 너무 심한 것 아닌가

가락지의 혼(魂)

물 위에 번뜩이는 숭고한 금가락지
옛 님은 떠났어도 영원불멸 영웅의 넋
오늘도 눈 부릅뜨고 백성 안위(安危) 지킬 터

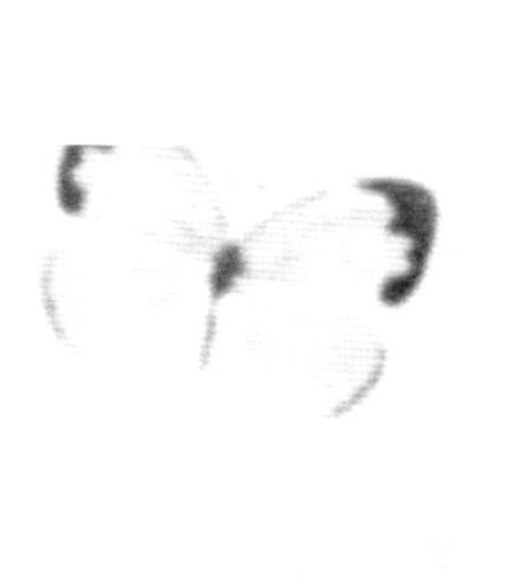

2

창조는 곧 역사라

고목의 상처

왜침(倭侵)이 찍어놓은 참 탈의 역사 현장
온 산야 수탈 흔적 백성 고혈 짜낸 애환
세월도 울다가 지친 아픈 역사 상처라

김매는 사연

날마다 김을 매니 폭염이 웃고 있어
온몸은 땀에 젖어 눈 못 떠 따가워도
기어코 또 뽑아야 하는 업보(業報) 많은 인생길

밭마다 솟아나는 무한한 인내 시험
풀 하나 제거하면 업보 하나 지워질까
더운 날 끈질긴 내공 근심까지 뽑으니

무법자 없는 세상 이제는 살 것 같아
두렵고 긴장했던 이 마음 추스르니
철천지원수도 용서 못할 이유 없어라

돌아온 청춘

녹음 속 몸 담그니 금방 맑은 내 영혼아
삭신을 추스르니 찌들었던 노독 토해
꿈같은 생명력 솟아나니 되돌아온 내 청춘

또 한 살이냐

세파에 속았더냐 지난날은 어디 가고
일 년이 한 달인가 흘러가면 없어지니
세월도 모르는 이 나이 왜 먹어야 하는가

만추야

빛나는 오색 치마 입 가린 채 웃고 있어
가을비 옷 젖는 것 만추에겐 자랑이라
길가에 굴려는 낙엽도 제 색깔만 찾는가

세월도 출렁이는 오색선율 바라보다
저절로 현혹되어 떠나기 싫다 버텨
창공도 푸름 보태어 육색이라 함께해

저 해는 구름 속에 갇혀서 못 봐 안달
목청껏 외쳐대는 저 유혹의 빛 함성아
불붙은 붉은 미소가 저 노을에다 녹는다

맘 비운 낙엽

힘 잃은 이파리는 한길가로 밀려가나
여름날 뙤약볕에 그을려 온 무한 내공
가지에 붙어 오색 빛 자랑하던 단풍잎

짧았던 단풍축제 저 세월이 앗아가고
지나는 길손들의 발길에서 바삭이니
낭만의 소리라 대신 마음 돌려 위로해

쭈글진 이파리는 말라붙어 말 못 하고
과거사 제아무리 화려해도 때 지난 것
이제는 숱한 사연 다 비우고서 떠나네

무말랭이

무우가 말랐다고 사람들아 웃지 마라
쭈글진 흉한 모습 보기 싫어 그러는가
눈꺼풀 처진 네 몰골은 늙은 주름 아니냐

빈집의 꿈

빈집에 들렀더니 인기척은 어디 가고
달력은 잠을 자고 시계만 흐느끼네
제 주인 기다리다가 지쳐 있는 빗장아

곧 오마 떠난 님은 왜 오지 못하는지
오는 이 반가우나 떠난 주인 야속해라
외로움 집안 비우지 말라 애원하건만

못 올 것 알면서도 눈물 어린 응석이라
적막을 꼭 씹으며 끝까지 고집부려
보고픈 이 마음 누가 뭐라 해도 지킬래

선풍기는 무죄

폭염에 쫓기다가 지쳐 가는 사람들아
선풍기 더운 바람난다고 탓 마시게
무더운 바람 날린 죄 내가 한 짓 아니니

속죄의 길

제 몸을 숨겨놓고 인간을 옥죄느냐
네놈이 괴물인지 아무도 모르는데
긴장만 난무한 세상 살얼음판 걸어가

지구의 아픔인가 곳곳에서 우는 고통
사람들 발목 묶어 숨어서 웃고 있나
말 없는 고문에 찌들어 고통받는 아우성

허상아 너의 정체 찾는 것은 시간 문제
본체가 드러나도 옛 세상이 될 수 없어
우리가 지은 죄업 평생 속죄하고 살아야

연륜증(年輪證)

난세에 부서지고 세파(世波)에 멍든 흔적
앙상한 몰골이라 험악하다 웃지 마라
인생의 역경(逆境) 견뎌낸 최고 선물 연륜증

연잎의 연륜

물 위에 오래도록 서 있는 늙은 연잎
바람이 몰아쳐도 깊은 물에 의지한 채
눈 감고 깊은 명상에 세상 이치 깨달아

자신을 돌아보고 물에게 물어본다
세월에 녹아지니 내 몰골이 어떠한가
쭈글진 모양새라 해도 고개 돌리지 마라

늦가을 잘 익어온 결실이 나의 보람
찾아온 찬바람을 이겨 낼 힘에 부쳐
외모로 판단 마시게 내 쌓은 연륜 있으니

옛시조 접견

저 많은 시림(詩林) 속의 옛 조상님 삶의 흔적
먼지 속 몇 세기로 지혜가 영롱하니
선인님 다져온 신조 접견하기 겁이나

웃고 있어도

저 꽃이 활짝 웃고 있어도 웃는 걸까
향기가 없다 해도 웃는 것이 소임이라
꽃들도 모를 리 없는 흐린 세상 속이라

저 산도 지켜보고 어쩌지 못하건만
오늘도 길손마다 무표정한 인형 거리
말 없는 공포가 자꾸 엄습하니 울적해

아이야 이제 맑은 눈으로 다시 보자
언제나 풍요한 것 모자라 보챈 것을
이제 와 그 많은 업보 어떡해야 될는지

웃지 않는 꽃

아련히 피어난 꽃 어찌하여 웃지 않나
꽃 속에 숨어있는 금빛 촉수 눈 뜨려고
봄이라 훈풍 길 더듬어 겨우 찾아왔건만

밖에서 소리 없이 들려오는 공포 소음
불안한 세상 속에 옥죄여 온 고통소리
서로가 애원하는 길 너나없는 아우성

더 이상 업보 짓지 말자고 태어날 때
누누이 일렀다지만 한 세월 무시한 죄
여보게 해업(解業)의 길 터 순리대로 살자고

인간의 죗값

세상이 어지러워 희미한 허공에도
새들은 바쁜 일상 공중에 날아들고
지구촌 인간만 어떤 괴물한테 물렸어

고층의 빌딩이라 자랑 마라 속물들아
개발로 커져가는 빌딩 숲에 사는 삶이
묘호한 인간 만족으로 너도나도 멍들어

무조건 밀어붙여 뜯겨나간 자연 살점
이러다 지구상에 인간만 퇴출될 것
자연이 싫어하는 짓 이제 그만해야 해

젊은 해후(邂逅)

나이를 먹어가니 덧없는 주름 늘어
총명은 어디 가고 멍청만 쌓여가나
늘어난 빈 껍질은 어찌 탄력조차 없는가

멀리서 점점 크게 들려오는 귀울림은
갈수록 잘 들려와 젊어지는 환상인가
몰랐던 자신도 놀라니 무슨 꿈이 이런지

세월아 젊은 흔적 그만 캐고 놀리지 마
어려움 다 겪어본 지난날의 삭신이라
거울이 먼저 알아보고 내 속내를 위로해

코흘리개

누런 코 소맷자락 반질대던 누더기옷
육십이 갉아먹어 퇴색된 옛 영혼아
이제는 옛말만 무성해 입만 살아 있는가

폭염아

무더위 떨치려고 숲을 찾아 모여들고
저 매미 폭염 고통 못 견디어 종일 울까
연잎에 맺힌 옥구슬 뜨거워 또 비운다

풍경 소리

하늘에 매달린 넋 사바세계 맑은 소리
속 깊이 우린 진실 애틋한 기도인가
산사에 배여 나는 염불 많은 생명 위로해

녹색 물결

들판에 녹색 물결 쉼 없이 속살 보여
물결 위 맨몸으로 마음대로 굴러보세
보드란 새 이파리가 묵은 노독 씻겨 줘

달빛의 멋

짙은 밤 눈을 감고 하늘을 바라보게
캄캄한 적막 뒤에 무엇이 또 보이는가
진실 속 명암이 서로 공존하지 않은가

으스름 달빛 속에 녹아있는 인생 연륜
어둠이 짙다 해도 그 진리는 빛나는 것
달빛에 엮인 사연들 세상 사는 이야기

한낮에 못 보았던 네 얼굴에 붉은빛이
익으니 구석진 곳 밝혀가는 소임이라
어쩌다 구름이 가려도 내 하는 일 못 막아

3

녹색이 웃으면

그늘의 고민

햇볕을 먹고 사는 숲속의 먹이사슬
뜨거운 햇볕 가려 시원한 줄 알았더니
수풀도 함께 먹어야 사는 것을 어떡해

꽃이 웃는 이유 · 1

꽃들이 웃는 것은 착한 마음 전하는 것
우리만 좋아한다 언제까지 착각할래
벌 나비에게 꿀 주고 사랑받는 것 보게

우리는 염치없게 제만 좋아하는 줄 알아
꽃 지니 못 보겠다 고개부터 돌리는가
인간아 그러지 마라 언제까지 젊으랴

너도야 저런 날이 올 때를 대비해라
시작과 끝이 항상 같으면야 꽃 아니지
지금이 제일 아름다운 시간인 것 알아야

꽃이 웃는 이유 · 2

고운 꽃 활짝 웃고 있어도 제 맘일까
사람아 진실하면 됐지 웬 의심이냐
피어난 저 꽃은 미소만 짓는 것이 아닐세

저 산도 굽어보고 있건만 통 말을 안 해
무정한 길손들만 오락가락 굳은 표정
말 없는 공포가 자꾸 엄습하니 이상해

여보게 사바세계 건재하니 안심 하세
인간이 지은 업보 너무 많아 그런 것을
저렇게 억지웃음으로 위로하는 것일세

나뭇가지는

자잘한 나뭇가지 이리저리 휘는 허리
세월에 잎을 떨궈 찬 하늘을 쓸어가니
창공이 바닷물 되어도 저 구름만 모른다

녹색의 이력

노란 싹 송골송골 온 산야에 틔운 눈아
어색한 겨울옷을 힘겹게 벗고 보니
연녹이 온 산야 덮어 너머 가는 신기루(蜃氣樓)

한 해를 출발하는 새싹들의 함성소리
계절이 길러내고 폭염이 담금질해
온전한 생명 탄생시킨 자연의 힘 결실아

동장군 설치기 전 잎부터 숨겨놓고
추위에 대항하는 저 멋진 근육질엔
여름내 달궈 낸 뜨거운 온기 가득 담겼어

녹색의 합창

창공의 푸른 바다 전깃줄 오선 긋고
신나는 구름 조각 좋아라 뭉게뭉게
온 산야 녹색 합창으로 지구촌이 굴려가

단비 예찬

목말라 물 한 모금 기다린 지 얼마던가
애타게 외쳐 봐도 좋은 소식 하나 없고
타는 해 가린 먹구름 얄미워도 예쁠까

생명아 언제까지 눈 감고 있어야 하나
간밤에 살짝 뿌린 단비는 신(神)도 몰라
생명수 두 손 모아들고 감사 감격 울먹여

목축여 고개 드니 연녹색이 여기저기
모처럼 생기 돌아 어제일 까맣게 잊고
입 맞춘 대지에 맺힌 이슬 하나 눈물 하나

단풍 예찬

이파리 하나둘이 창공 빛을 시샘할 때
어디서 가을바람 스치는 소리 들려
마중한 치맛바람도 제 갈 길을 잃었나

오색은 가을로 불 질러 놓고 박장대소
산 아래 소식 늦다 빨리 오라 발을 동동
화장한 이파리마다 펄럭이는 황홀아

무서운 폭염의 벽 이겨낸 녹색의 공
이제는 누구와도 견줄 수 없는 훈장
바람아 불지 마라 붉게 타는 불씨 지키게

덩굴손아

겨우내 닦은 내공 봄 향한 고사리손
창공에 올라서서 잡힐 듯 푸른 훈풍
있는 손 다 펴 하늘이 준 생명줄 거머쥐어

메산(山) 자

너더랑 바닷가에 메산(山) 자 외로이 떠
꿈 펼칠 어린 섬아 대해 향한 당찬 각오
어려운 길마다 않는 우주여행 출발선

봄 싹의 꿈

무색한 겨울옷은 소리 없이 사라지고
기다린 새싹 실눈 뜨고 온 산야 살펴
봄볕의 따사로운 입술 꿀맛 같은 입김아

훈풍아 준비가 덜 됐으니 보채지 마
세월도 기다리고 있는 것을 너만 몰라
널 보는 순간 생명이 한꺼번에 싹틀 것

새싹아 꽃샘추위 숨어있어 조금만 더
갑자기 새벽 서리 맞는 날 눈이 멀어
자연은 언제나 순리만 가르치는 생명선

뿌리의 고민

나뭇잎 펄럭이니 궁금해진 땅속뿌리
생명의 웃는 소리에 밖으로 목 빼 보니
햇볕에 땀 흘리는 한낮 내가 살 곳 아니네

새싹 · 1

잔가지 눈 틀 싹에 훈풍이 입 맞추니
흥분한 가지마다 붉은 열기 후끈 달아
온종일 달궈진 세상 서녘 하늘도 저럴까

새싹 · 2

훈풍을 실컷 마셔 달아오른 눈망울아
움트는 소리 들려 하늘은 눈을 감고
온종일 봄 문 열어 놓고 새싹만을 기다려

선학산길 · 1

언제나 오가는 길 인생 얘기 사랑방에
구차한 인생살이 저마다 뱉는 소리
길가에 뿌려진 사연들 오직 너만 속 터져

*선학산: 경남 진주시 하대동과 상대동에 걸쳐있는 산(해발 137m)

선학산길 · 2

숲속 길 꼬불꼬불 가늘게 이어진 길
여럿 길 모였다가 흩어지는 숨바꼭질
이곳에 인간의 숨소리 고스란히 담겼어

연녹색 · 1

겨울과 싸우더니 혹한 벗는 저 괴력은
힘 오른 나뭇가지 연 푸름을 머금은 채
달려온 훈풍 응원에 더 강력해진 눈망울

연녹색 · 2

누군가 연녹색을 삽짝 얇게 발랐을까
눈동자 하늘 향해 줄줄이 깜박이더니
훈풍에 후끈 달아오른 녹색 치마 새색시

열대야

대낮에 폭염으로 악명을 떨치더니
야밤에 또 무엇을 녹이려고 설치는가
토해낸 저 핏빛 노을 얼마나 더 삶을까

오색의 꿈

산야에 늘려 있는 오색을 감탄하다
이대로 못 보낸다 쏟은 정이 얼마인데
차라리 정 주지나 말 걸 떼쓴다고 안 될 일

산신도 어떡하지 못하고 고개 돌려
서늘한 바람한테 몇 번이나 물어본다
산야도 비경에 몰입돼 입 벌린 채 멍하니

여보게 저 경치를 가슴으로 담아보세
한평생 아름다운 그림으로 남겨질지
눈 감고 내세를 깊숙이 바라보는 풍경을

4

농부는 하늘이 가르치는 것

가을 들녘

여름내 뙤약볕에 그을려 알곡 익혀
무서운 폭염이라 모두들 욕했지만
황금색 햇곡식으로 잘 익어온 들녘에

새들은 허수아비 바보라 놀려대고
가을빛 따갑도록 햇 알곡을 물들이니
마무리 물길 막는 농부 피곤함도 모른다

황금빛 달구어낸 자신만의 재주꾼아
나는야 굶는데도 들녘 있어 배부른걸
농심의 풍족한 희열은 농부만이 아는 것

농심은 천심

여름내 폭염하고 싸워온 생명들은
농부가 걱정으로 일일이 돌봐온 덕
말없이 정 주고받은 땀 흔적이 쌓여가

겨울에 비닐 벽 한 장 세상이 어찌 달라
밖에는 눈보라가 설쳐도 여긴 따뜻해
이렇게 다른 세상에 사는 것도 복이라

나는야 속는데도 따뜻하면 싹 틔울 것
농심은 우리 세상 어떻게 잘 아는 걸까
우리는 겨울에 익으니 봄 작물이 아니제

농심(農心)은

농사일 항상 바빠 몸 아파도 참는 일상
비 올까 허둥대는 날에는 왜 더 바쁠까
삭신이 쑤셔와도 그냥 아플 수도 없는 몸

이대로 손 놓으면 내 자식들 어찌 되나
손 놓쳐 울어대면 나는 차마 못 보겠어
언제나 너는 나의 운명 한시라도 못 떠나

농부의 근심 걱정 벗을 날 언제일까
온 정성 가꾸어도 언제나 미흡한데
하늘은 꼭 필요할 때 도와주니 걱정 마

마삭줄 인생

나란히 마주 보고 평생 커갈 덩굴 인생
너와 난 천생연분 맞잡은 손 놓지 마라
아무도 모르게 다짐한 금실 좋은 덩굴 삶

무의 비밀

튼튼한 장딴지 무 정감 넘친 근육질에
하늘빛 보얀 살결 볼수록 매끄러워
밋밋한 다리로 태어나 순한 무로 살라네

껍질이 항상 빛나 부드러운 살결이라
우주의 진실만을 먹어온 곧은 다리
산삼도 모르는 약성 나만 먹는 급 비밀

지구 속 깊이 박아 놓고도 안심 안돼
창공이 감싸주니 행복이 따로 없네
하늘땅 바로 연결돼 세상 소통 꿈같아

*무: 양귀비목 십자화과의 식물, 나복(蘿蔔)이라고도 함

배춧잎 자랑

배춧잎 푸르더니 어느새 갑부됐어
세월이 흐를수록 속잎은 황금이 돼
속 찰 때 제 몸통을 싸니 배불러진 황금잎

배춧잎의 비밀

배춧잎 노란 속살 살며시 감싸 놓고
목수건 휘감은 채 조용히 눈을 감아
차가운 바람이 스쳐도 품 안에선 포근해

녹색 잎 건강 빛에 찬바람도 못 건드려
보는 이마다 모두 풍성한 마음이라
늦가을 짙은 생명력에 속살 익힌 꼬신 맛

배춧잎 포기 둘레 제 이파리 싸였으니
생명력 감싼 모습 볼수록 강한 모성애
김장 때 최고의 식자재 황금 속살 아삭해

병아리 훈계

물오리 헤엄칠 때 병아리야 따라 마라
태초에 태어날 때 물 재주 없었거늘
남의 짓 함부로 탐내다 목숨까지 잃는다

솔잎의 숨은 무기 · 1

하늘을 찌를 솔잎 숨은 손톱 날카롭고
바람에 흔들리어 창공을 긁어대니
푸른 피 아무리 흘려도 흔적 없는 동색아

솔잎의 숨은 무기 · 2

바늘잎 부릅뜬 눈 시작부터 당찬 각오
바늘끝 모여드니 격렬하게 허공 할퀴어
아무도 근접 못하는 저 전술력은 어디서

수박의 내공 · 1

붉은 살 부드러운 육질이 더위 녹여
아무리 열대야가 찜통 쳐도 시원하니
못 먹은 저 세월 늘어져 더 걷지도 못한다

수박의 내공 · 2

폭염도 지쳐 가는 어려운 세상인가
시원한 수박 살을 먹지 못해 손 내밀어
무더운 여름에 제대로 몸값 하는 붉은 살

아카시아 향 · 1

꽃 향을 쫓아가니 그윽한 옛 전설 향
온 세상 짙게 뿌려 벌 나비 혼절했나
꽃마다 입 벌려 토하니 절로 취한 세상아

아카시아 향 · 2

하늘에 핀 하얀 꽃 꿈속까지 스며들어
진한 향 영혼 향기 온 세상이 마비됐나
모여든 온갖 생명마다 말 못 하는 환호성

은행알 · 1

황금이 주렁주렁 창공에서 졸고 있어
사람들 노란 보물 갖고 싶어 손 내밀고
진실만 익어온 알들이 흩어질까 두려워

끝까지 쌓은 내공 연륜 되어 돌아왔어
새들도 가까이 와 쪼지 못해 돌아서고
알알이 아련한 낱알 강한 껍질 숨겼어

하늘은 노란 꿈에 조용히 눈을 감는데
바람아 불지 마라 황금알 떨어질라
물들인 노란 세상아 땅바닥은 어쩌지

은행알 · 2

내 사랑 하늘 가득 황금알이 주렁주렁
알맹이 과일이라 함부로 얕보지 마
겉껍질 얇게 벗기면 여문 알이 드러나

폭염에 견디어온 열매의 눈물 흔적
햇볕에 익혀내고 달빛에 다듬으니
푸르던 알알이 금세 황금알로 거듭나

하늘도 모르는 새 충실하게 익었구나
그 누가 이 열매를 금가루로 설계했나
창공아 세월에 익혀져 노랗다고 질투 마

이끼의 지혜

바위에 붙은 이끼 매서운 한파 속에
월동(越冬) 잎 엎드린 채 작은 숨도 아껴 쉬어
아무리 목이 말라도 죽지 않는 비결이라

나보고 죽었다고 하지 마라 빗물 묻어
또다시 새파랗게 살아나는 극복 인생
누구도 따라 못하는 생명력은 모를걸

난세를 원망 마라 현실은 어려운 것
자신을 사랑해야 하늘이 도와주니
극한을 극복하는 것은 서두르지 않아야

이팝나무

누군가 고슬고슬 수북이 퍼 놨을까
쌀밥이 풍성하니 안 먹어도 배불러 와
불쌍한 백성 곡간 자꾸 퍼먹어도 될는지

*이팝나무: 쌍떡잎식물 용담목 물푸레나무과의 낙엽교목

진달래

연분홍 저고리로 누구를 기다릴까
이른봄 화사한 옷 속살이 비쳐오니
지나는 바람결이 먼저 꽃 이파리 더듬네

첫 삽질

봄비는 싹 틔우고 농부는 밭을 간다
지구촌 한 해 농사 때 놓치지 않으려고
우주에 한 알 한 알 씨앗 심는 농심 철학아

흑장미의 꿈

열정에 불난 얼굴 아무나 유혹 안 해
바람아 불지 마라 꿈까지 어지러워
세상이 왜 이래 모두 사랑해도 되는가

5

세월도 모르는 일

가을비 맞으면

빗물이 생명수로 온 누리에 뿌려가니
목마른 초목들이 환하게 얼굴 펴네
이번 비 옷이 젖으면 오색단풍 될는가

구름이 토해내는 무지갯빛 큰 우산 띠(雨傘帶)
가을색 쏟아지는 저 소리 들어보게
정상의 오색이 아래로 미끄러져 장관(壯觀)을

폭염아 미안할 것 없으니 기죽지 마
여름내 담금질한 너의 힘이 컸었기에
지금껏 달아오른 얼굴 가을비에 안 식어

나목의 철학

나무야 하필이면 겨울 앞에 옷을 벗나
혹한(酷寒)에 어쩌려고 혹서(酷暑)에 지쳤는데
그러지 말고 그냥 입은 채 있으면 안 될까

인간은 두꺼운 옷 걸치고도 춥다 하니
어째서 우리하고 정반대로 사는 건가
나무는 버리면서 살고 사람은 더 움켜 쥐

해마다 비우면서 살아가는 너의 철학
인간은 어찌하여 근심 걱정 더 만들까
여보게 잔소리 말고 나목한테 배우세

낙엽은 안다 · 1

화려한 단풍들이 앞다투어 자랑했나
어느새 떨어지는 처량한 몰골 보라
단 한 번 떠나면 다시 못 올 것을 아는가

꿈마다 익어온 잎 저 많은 붉은 사연
낱낱이 기억 담아 한없이 웃은 이파리
세월이 모두 지워버린 미련 없는 이력서

옛 흔적 없어지고 홀가분한 낙엽이라
퇴색된 웃음소리 아무 데나 뒹굴어도
이제는 알아보는 이 없으니 참 좋은걸

낙엽은 안다 · 2

그리움 떨치려고 찾아간 옛 흔적 길
낙엽 진 오솔길에 옛날로 걸어본다
쭈글진 낙엽은 알까 우리 둘만 걸은 길

걸음아 무슨 생각 그토록 깊게 하냐
지난날 내 님 얼굴 이파리에 그려 놓고
오색 옷 바래지니 임 찾지 못해 그런가

임이여 낙엽 밟는 이 발자국 들립니까
둘이서 나누었던 오색을 느껴보오
가던 길 돌아서려 해도 옛 못 찾아 못 가요

낙엽의 고민 · 1

나뭇잎 떨어진다 산새야 울지 마라
저 잎이 떨어져야 또 싹이 나온 데도
이렇게 떠나간 내 임은 올 것 같지 않구나

고목아 네 이파리 무성하다 방관 말게
세월이 매정하여 남김없이 앗아가고
찬 바람 멈추고 싶어도 제 뜻대로 안 되니

가을만 오색 들고 마음껏 놀았는데
붉은색 꺼져가는 퇴색 앞에 미련 남아
창공아 너처럼 언제나 푸를 수는 없을까

낙엽의 고민 · 2

낙엽 길 걸어보니 발바닥이 저려온다
세상사 묻어나는 한 많은 사연들이
얼마나 괴로웠기에 낙엽으로 들릴까

자연은 정한 길만 걸어가는 준법정신
인간의 못된 욕심 세상을 먹칠하여
흐려진 하늘 죄업 되어 삭여지지 않으니

낙엽아 울지 마라 많은 업보 온갖 번뇌
스스로 짐 벗으려 일찍이 잎 떨구어
세상사 해업(解業) 찾고자 창공 문을 두드려

낙엽의 사연은 · 1

수북한 낙엽길에 발걸음 디딜려니
이파리 다칠까 봐 발을 들고 걸어본다
사사삭 발자국마다 부서지는 이 아픔

온몸에 저려오는 전율의 울부짖음
그 무슨 사연 있어 저토록 몸부림쳐
아무리 아프다 한들 울지 않음 안될까

낙엽이 뒹굴다가 막 스치는 소리 하나
최후의 하소연인 것을 목청껏 외쳐도
세상에 듣는 이 없어 그냥 비밀되는가

낙엽의 사연은 · 2

이파리 지는 소리 서글프다 울지 마라
온 산야 무너지는 소리로 세상 울어
바람도 일지 않는데 어찌하여 이럴까

세월이 만들어온 풋 오색도 아직인데
떠나야 한다는 그 순간이 더 애달프라
아무리 빠르다 해도 숨 쉴 시간 있어야

내 아픔 하나 던져 우는 것은 괜찮으나
애타는 저 묵객들 울부짖는 소리마다
사연도 다 듣지 못하고 막 떠나야 한다니

낙엽의 이력서

저 푸른 이파리도 금방 늙어 낙엽 되나
젊다고 괄시 마라 세월 뒤에 허망한 것
발밑에 바스락임은 후회 없는 소릴까?

새싹의 어린 시절 잊은 채 푸르름을
간직해 뙤약볕에 담금질한 재주 모아
험악한 세상 해업(解業)길로 견디어 온 공로로

오색이 멋진 솜씨 발휘해 온 빛나는 손
어느새 붉은 살이 퇴색으로 흔들릴 때
찬바람 말없이 다가와 이력서로 날리네

낙엽의 훈장증

발밑에 바싹 임은 낙엽의 아픈 소리
뙤약볕 몸소 받아 진실 익힌 큰 공로로
이제는 낙엽길 만들어 낭만 소리 듣는다

가뭄은 목 타도록 볶아대는 심술인가
폭염에 숱한 고통 이겨 낸 이파리야
죽을상 지쳐 가도록 혹독하게 굴었지

더디어 어려움을 극복해낸 결실 앞에
네 있어 더 훌륭한 연륜을 쌓았으니
견디기 어려웠어도 잘 참아온 훈장증

난세 터는 눈

하얀 눈 소맷자락 온 산야에 펄럭이고
춤추어 속세 떠나 꿈속을 헤쳐간다
날리는 눈송이 천지에 펼쳐지는 넋일까

구경꾼 덩달아서 신나는 환상 소리
뛰어논 자국마다 눈구덩이 헤쳐져도
허물을 덮어 온 눈송이 소리 없이 평온해

털어도 계속 쌓여 도망 못 간 사연들이
눈 속에 잠겼으니 오래도록 남겨질까
무겁던 저 하늘 고민 털고 높이 날아가

노을의 하루

저문 해 나뭇가지 목이 걸려 울상이라
여릿한 풋 햇살도 힘을 잃고 바둥대냐
그림자 뭣도 모르고 제 키 크다 좋아해

일상에 찌든 하루 마무리도 못했는데
저 노을 고운 입술 빨갛게 달아올라
못다 한 사랑 꼼꼼히 익혀가는 시각에

세상사 멋진 노을 구경만 하고 있어
저러다 소리 없이 사라지면 어찌되나
우리도 저 노을같이 살아갈 수 있을까

달 친구

저 달은 나만 보면 언제나 따라다녀
세상을 다 보면서 어찌하여 나한테냐
어두운 날엔 언제나 앞길 밝혀 앞서가

숲속에 가려져도 변함없이 머리 위에
떠 있어 왜 그런지 나에게만 베푸는가
어쩌다 나뭇가지에 걸렸어도 잘 헤쳐나

말없이 주고받은 사연들이 얼마인가
외로워 지칠 때는 너만 보면 위로가 돼
없으면 또 그리워지는 이 마음은 왜일까

덩굴 인생

더 넓은 하늘 향해 앞만 보고 오르는 길
덩굴로 얽힌 사연 복잡함을 헤치는데
허공에 헛발질해도 내 앞길만은 막지 마

동토의 봄은

높아진 푸른 하늘 훈풍 냄새 아직이고
동장군 위엄으로 제아무리 눌러 대도
동토 속 긴 뿌리 끝까지 어찌하지 못하네

봄 마중

동토야 네 아무리 얼려 봐라 봄 오는 것
이불 속 따뜻해도 봄 햇살에 비할 건가
부드런 훈풍이 목을 간지러니 어쩔까

봄 오니

훈풍 쉰 새야 간밤에 작은 눈이 부었구나
네 임은 어디 가고 봄 마중 혼자더냐
가슴이 달아오르니 그리워서 어쩔까

봄소식

양지에 쏟는 햇볕 좋아라 쬐었더니
땅에서 솟는 고운 아지랑이 맡기도 전
가슴이 벌렁거려와 온 세상이 왜 이래

생명의 찬가

입동이 다가오니 저 혹한을 어찌하랴
서둘러 대비하는 생명은 참 기특해
아무리 무성한 수풀도 춥기 전에 숨거든

녹색 옷 입었을 땐 푹푹 찌는 폭염에도
저마다 내공 기술 앞세워 견디더니
자연이 시키는 대로 겨울 맞을 대비해

끝없는 생명활동 언제나 시작인 것
한파에 동태 된다 하여도 살아가는
생명의 기본 철학은 절대 변치 않으니

훈풍아 · 1

하늘은 맑고 푸르러 소리 없는 부드러움
스칠 때 목 간지려 자라목에 부끄럽고
감격해 그냥 있으려도 붉은 입술 타들어

훈풍아 · 2

먼 산에 올라보니 잔설의 꼬리 떨고
양지의 아지랑이 훈풍을 그리는데
성급한 꽃망울이 먼저 웃음 터져 난리네

6

윤슬의 나이는

겨울 바다

물결이 노는 바다 무한한 꿈 펼쳐가
속세에 혼미한 넋 해업(解業)의 길 없는가
언제나 끝없는 내공 길 거품 무는 파도야

괴물은 안다

세상을 괴롭히는 무서운 공포 공간
그렇게 설쳐대는 이유가 무엇일까
인간이 지은 죗값을 돌려주려 하느냐

풍요가 언제부터 과소비로 판을 쳤나
자연이 아파 울고 오래도록 고통이니
결국엔 견디기 버거운 재난 불러 왔을까

세상은 아름다움 추구하는 생명 낙원
자연은 자기 영역 지켜내는 철통 철학
인간이 저지른 업보(業報) 무엇으로 갚아야

깨달은 섬

저수지 하도 맑아 무작정 뛰어든 섬
여보게 난세 밀려 예까지 왔나 보오
이토록 어지러운 세상 청정수를 찾았나

찌든 몸 맑은 물에 담그기 미안하네
영혼에 깊이 배인 온갖 시름 그냥 녹아
이토록 가벼워지니 세상 꿈이 이럴까

신선은 어디 가고 진실만이 놀고 있어
자연에 느껴오는 숨소리 교감 속에
혼심이 맑아지니 세상 사는 이치 알겠어

내 그림자는

희미한 그림자가 어둠 속 헤맬 때는
복잡한 사연들이 얽혀져 안절부절
내 모습 보이지 않아도 생긴 대로 비추어

밤마다 따라다닌 내 그림자 수고로움
충실한 몸종이라 꿈속까지 동고동락
어쩌다 캄캄한 날엔 숨바꼭질 마다하

어설픈 어두움이 제아무리 흔들어도
바람이 검은 밤을 쓸어가도 마냥 깜깜
나는야 당당한 내 주인 동반자로 산다네

너도 태풍이냐

간밤에 엄포 놓던 못된 놈 어디 갔나
목마른 대지 물 한 모금도 못 주면서
주위를 물리쳐 놓고 무슨 짓들 했을까

높은 산기슭에 떨구어 논 생 이파리
여린 것 남김없이 있는 대로 훑었으니
평생을 살아갈 이파리 이제부터 어찌해

죽어라 울던 매미 시끄럽다 쓸어가고
산마다 나목으로 앙상한 몰골이라
차라리 세상 걱정이나 다 쓸어 갈 것이지

바다도 늙을까

바닷물 푸르다고 언제나 청춘이랴
너울이 모여드니 늘어 나는 주름 보오
세월에 떠밀려가다 늙어 가는 흰 거품

빈 태공

푸른 물 출렁이는 호수가 태공 없어
넋 놓고 바라보다 물결 속에 빨려갔나
세상이 하도 어지러워 물고기에 낚였어

수평선은 안다

계곡이 깊을수록 물은 자꾸 모여들고
높다란 산 만당엔 정상이 먹고 남겨
배불러 으스대지 마라 물 떨어져 낭패 봐

하늘을 쳐다보고 가뭄만 탓할 건가
누구든 목마르면 물 찾는 생명 현상
목소리 높다고 마실 물 생기는 법 없거든

물같이 평등하고 평화로움 더 없을 것
인간만 서로 뺏고 빼앗기는 싸움질 해
수평선 서두르지 않아 사람들만 바보라

안갯속 태양

태양이 떠오르다 안갯속에 갇혀지고
나무에 목이 걸려 창백해진 저 얼굴을
허상이 되어도 좋으니 숨이나 좀 쉬게 해

자연은 하나

하늘이 붙은 바다 긴 수평선을 그어 놨네
억지로 구분해도 동색으로 함께 살아
온 세상 한 생명 소통 대 자연은 법신송(法身頌)

*법신송(法身頌): 불교의 화엄사상, 세상의 모든 사물을 한 생명체라 부름

조각 달아

어디서 다쳤는지 떨어진 조각 달아
캄캄한 하늘에서 얼마나 헤맸을까
어디로 가든지 계속 따라오는 저 친구

세상이 아프다고 너마저 그런 꼴로
혼자라 자유로워 좋다고 자랑했나
언제나 꿈만큼이나 된다면 뭘 걱정해

저렇게 떨어져 간 자국엔 무한 고통
남몰래 살점 찾아 헤매다가 지쳤을까
아서라 보는 이마다 걱정하는 사람들

진양호는 어머니

널찍한 진양호에 평화가 웃고 있어
물 위에 섬 하나둘 가슴으로 받아놓고
언제나 맑은 정신만을 가르치신 어머님

파도가 크게 넘쳐 아무리 윽박 해도
육중한 믿음만은 변함없는 철학이라
죄 많은 인간들은 그저 어머님 품 그리워

윤슬이 크게 일어 조용을 깨워놓고
얽혀진 사연일랑 하나하나 제자리로
가르니 언제나 올바른 어머님의 품성을

*진양호: 경남 진주시 판문동 대평면 내동면 명석면 사천시
곤명면에 있는 인공호수

청정수 · 1

고인 물 꾸중하니 부패수(腐敗水)라 하지 마라
호수가 흐리다고 모두가 외면해도
오염과 소통 안 했으니 조용하면 청정수

청정수 · 2

청정한 호수 위에 세상이 뿌옇다고
사람아 원망 마라 시간이 안개 녹여
속내가 드러날 것을 왜 참지 못해 애태워

태풍아 · 1

휩쓸려 전쟁터가 되어버린 원시시대
꿈속도 엉켜 붙은 불모지의 아비규환
자연이 살짝 실눈 뜨니 삼라만상 제자리

태풍아 · 2

평온한 바다인 듯 수면 아래 얼기설기
조용한 폭풍전야 갑갑한 긴장 기류
불안아 가만히 있게 많은 생명 눈을 봐

추억의 길

낙엽이 쌓인 길에 첫 발자국 디뎌보니
발밑에 들려오는 낙엽의 속삭임은
옛 추억 담긴 길거리 정겨웠던 꿈의 길

온몸에 저려오는 마른 잎 바싹 임은
모를 듯 느껴지는 귀에 익은 정든 음률(音律)
발자국 흔적 없다고 외면한 것 부끄러

임이여 먼 곳에서 이 소리 들립니까
둘이서 쌓던 정이 지금도 들려오니
가던 길 되돌리려도 왜 발길이 붙을까

폭우 짓

조용히 사는 곳에 물 폭탄을 퍼부었네
뿌리째 뽑혀 가고 살던 집도 흔적 없어
이것이 죄업 날벼락 원시시대 되돌려

그토록 개발 못해 안달했나 단 한 번에
초토화 많은 생명 앗아가 아우성만
아무리 무거워도 어찌 한꺼번에 쏟느냐

인간이 잘못해서 불러온 큰 사태라
네 사정 급하다고 많은 생명 짓밟는가
그래도 소중한 생명 잘 다듬어 놓시게

하얀 밤

지난밤 멀건 세상 붉어진 내 눈망울
지친 몸 피곤하여 아무리 청해봐도
누적된 근심 걱정만 새하얗게 쌓인다

홍연의 진실 · 1

연분홍 한 겹 두 겹 세월이 벗겨내니
하늘이 열려오고 숨죽인 노란 진실
드러난 깊숙한 곳 비밀 헤쳐보니 내 영혼

홍연의 진실 · 2

은은한 치마 속에 노란 꿈 감추어져
남몰래 열려 해도 하늘이 보고 있어
한 숨음 달아오르는 날 활짝 열어 웃을 것

7

제51회 『공무원문학』

(2018년 봄·여름호)

시조부문 신인상 수상작

심사평 / 수상소감

탑정호

늪지대 호수 넘쳐
왕버들 잠길 듯이

흔드는 팔 보시게
구원함이 분명한데

물에 뜬 목숨이거늘
사람들만 모르쇠

*탑정호: 충남 논산시 부적면에 있는 호수

솔 껍질

온몸을 드러내어
두피로 무장한 너

혹한에 갈라지고
난세에 만신창이

찢겨진 상처 틈에서
새 생명이 돋는다

꽃 품속

하늘을 품었느냐
꽃 속에 싸인 세상

은은한 날개짓이
요란스레 간질이니

환상에 스르르 녹아
꿈속에서 뒹군다

동행

떠돌던 마음 모아
백 년 살자 굳게 약속

모진 삶 돌고 돌아
백 년이 코앞일세

손등에 주름진 훈장
보석 같은 임의 손

벚꽃은

흰 타래 꾸불꾸불
어디로 가는 건지

지나는 꽃길마다
신선한 속 날갯짓

겨우내 길쌈한 백의로
울 어머님 봄 치장

심사평

조화된 감성과 구성의 멋

뜨락엔 목련꽃이 하얗게 피고 온누리가 꽃의 향기로 넘치는 봄의 향연 『공무원문학』이 새 얼굴을 내놓는다.

이번 신인상에 예심을 거쳐 올라온 '시조' 부문은 단시조 부문의 최인락 시인의 단시조 5편이었다.

우리 공무원 출신은 어쩌면 삼장(三章) 6구(句)의 틀에 묶인 시조 쓰기가 생활화되었으면 좋을 것 같다. 모든 일이 법과 질서에 따라 공문서대로 생활했기에 그리고 요즈음 시나 시조들이 모두 짧아지고 있다. 카톡이나 문자 보내기 통신이 모두 25자 내외듯 시조 또한 짧은 글이기에 단시조를 즐겨 쓰는 경우가 늘고 있는 것 같다.

문학은 객관적 상관물로 묘사되었을 때 문학적 가치와 정서가 잘 표현된다.

시조는 자연의 성진(星辰)과 화조(花鳥), 전통적 정감을 밑바탕으로 해서 생겨난 장려다. 그리고 표현 형식은 전통적 감정에 묻어 있는 적충된 언어들을 삼장(三章)이란 시조의 구조와 운율 속에 피륙처럼 짜 넣는다.

우리는 시조를 겨레시, 민족시라고 하지만 현대인에게 푸대접을 받고 있으며 학교 교과서에도 학과 시간에도 배우지 못하는 형편이다.

일본은 고유 노래인 하이쿠나 와카를 발전시키고 세계적인 노래로 위상을 올리는 것에 목적을 두고 있다. 특히 그것은 우리의 「황조가」나 「구지가」, 「정읍사」 등 옛 노래에 영향을 받았다는 이야기도 있다. 이러한 하이쿠나 와카가 우리의 고시조보다 우위에 있음을 은근히 주장하려는 속셈도 있는 것 같다.

본래 시조를 단가(短歌)라 불러 장가(長歌)인 고려가요, 경기체가 등에 짧은 형식의 노래라는 뜻으로 호칭되었다. 그 후 단가에 곡조를 맞추어 부르게 됨으로써 이런 곡조를 영조(英祖) 때 이세춘(李世春)이 시조라 하였다.

현대시조의 창작에 앞서 우리는 시대의 역을 넘어 어떤 특별한 기술보다 주제에 대한 의식과 표현 언어가 고어투(古語套)를 벗어난 실제적이고 현대적인 감각을 살려내야 한다.

최인락 시인은 2015년 공무원문학 시 부문에 당선하여 이미 시집 『못난 사람이 머문 자리』, 『바람이 이는 곳에 인생이』 등 2권의 시집을 발간하고 열심히 창작활동을 하는 시인으로 이번 장르를 바꿔 겨레시조에 응모함은 그의 글에 대한 열정이 돋보였다.

5편의 시조가 모두 단시조이며 사물시였다. 특히 단시조의 구사는 언어의 함축과 주제를 살려 써야 하는 극히 어려운 작업이다. 초장, 중장, 종장의 구를 표현 종결 미를 담아냄은 연시조나 사설시조보다 어려운 사례도 있다.

시조의 형식을 학습한 후 창작함이 기본인데 시조는 누가 뭐라 해도 정형시이다. 엄밀한 의미에서 '반성형시(半定型時) 또는 정형이비정형(定型而非定型)'의 시라 할 수도 있다.

초장 [3,4,3(4),4], 중장 [3,4,3(4),4], 종장 [3,5,4,3]의

운율을 정확하게 지킨 작품으로 시조를 잘 이해하고 있으나 내용의 운율이나 주제 표현이 아쉬운 부분이 있으나 꾸준한 노력을 하는 모습이 보여 시조부문의 당선작으로 뽑는다.

「탑정호」는 충남 논산시 가야곡면과 부적면에 접한 호수로 충남에서 예당저수지와 탑정호가 농업용으로 가장 큰 호수이다. 그러나 주제는 '탑정호'인데 늪지대 호수 넘쳐 / 왕버들 잠길 듯이 / 흔드는 팔 보시게 / 구원함이 분명한데 / 무에 뜬 목숨이거늘 사람들만 모르쇠 /이다.

제목은 탑정호인데 주제는 왕버들이 아닐까? 시조 속에는 내가 있고 내가 말하고자 함이 주제인 것을 잘 이해했으면 그래서 「솔 껍질」, 「동행」, 「벗꽃」 세 편을 당선작으로 뽑는다.

시조에 대한 기본 틀의 이해나 표현은 잘 이해하나 초장, 중장, 종장의 '기승전결'의 의미 부여와 주제를 살려내가 나타내고자 함이 뚜렷했으면 한다.

당선을 축하하며 다른 시조시인의 작품을 탐독하고 보다 알찬 작품을 기대한다.

〈신인상 심사위원회 위원장 김영수〉